추천·감수 | 신형식

서울대학교 국사학과 및 동 대학원 국사학과를 졸업하고
단국대학교 대학원에서 문학 박사 학위를 받았습니다.
한국외국어대학교와 성신여자대학교 교수를 역임하였으며, 현재 이화여자대학교 사학과 교수,
역사교육연구회 회장, 서울시 시사편찬위원회 위원, 국사편찬위원회 위원,
백산학회 회장 등으로 활동 중입니다.
작품으로는 〈삼국사기 연구〉, 〈한국 고대사의 신연구〉, 〈신라사〉, 〈통일 신라사 연구〉,
〈한국 전통 사회와 역사 의식〉, 〈백제사〉, 〈남북한 역사관의 비교〉,
〈진안 고구려 유적의 조사 연구〉, 〈한국의 고대사〉, 〈한국 사학사〉,
〈고구려 산성과 해양 방어 체제 연구〉 등이 있습니다.

추천·감수 | 고운기

한양대학교 국문학과를 졸업하고, 연세대 대학원 국문학과에서 석·박사 학위를 받았습니다.
1980년대 초 영인본 〈삼국유사〉를 사서 "내 학문은 이 책에서 시작해서 이 책으로 끝날 것이다."
라고 스스로 써 내려간 암시의 글처럼 그 동안 일연과 〈삼국유사〉를 주제로 한 5부작을 완성했습니다.
1983년 동아일보 신춘문예에 시가 당선되면서 등단하였습니다.
〈나는 이 거리의 문법을 모른다〉 등 세 권의 시집을 선보인 시인이기도 합니다.
현재 연세대학교 국학연구원 연구 교수로 있습니다.

엮은이 | 최일주

최일주 선생님은 광주대학교 문예창작과를 졸업했습니다.
우리말과 아이들의 삶을 가꾸는 어린이신문 〈굴렁쇠〉 편집장으로 일했습니다.
'광주 아름나라 어린이예술단' 사무국장을 역임했습니다.
작품으로 〈교과서 미술 읽기〉, 〈라이트 형제〉가 있습니다.

그린이 | 이남구

이남구 선생님은 프리랜스 일러스트레이터로서, 한국 출판 미술협회 회원입니다.
제 1회 I.P.C 국제 그림동화 원화전에 초대 출품하였으며 어린이 문화진흥회 동화 공모전에서
동상을 수상하였습니다. 작품으로는 〈아침의 나라〉, 〈우리들의 고조선〉, 〈이순신〉, 〈백일홍〉
〈장에 가는 날〉, 〈레오나르도 다빈치〉, 〈미켈란젤로〉 등이 있습니다.

〈교과융합 삼국유사·삼국사기·고려사 오백 년〉은 한국일보사가 주최하고 교육인적자원부, 대한출판문화협회에서 후원하여 국내 최고의 교육 제품을 선정해 주는 **한국교육산업대상**을 수상했습니다. 또한 세계적인 **이탈리아 볼로냐 국제아동도서전 라가치상**에 출품하여 높은 평가를 받은 우수한 도서입니다.

교과융합
삼국유사·삼국사기 11 | 열왕

중국까지 땅을 넓힌 광개토 대왕

총기획 및 발행인 박연환 | **발행처** 한국헤르만헤세지점 한국셰익스피어
출판등록 제324-2010-000011호
본사 경기도 성남시 분당구 대왕판교로 34번길 23 한국헤르만헤세 빌딩
대표전화 (031)715-8228 | **팩스** (031)786-1001 | **고객문의** 080-470-7722
편집 백영민, 박형희, 송정호, 최영란, 조연신, 이상빈, 최성옥, 고태성
디자인 박미경, 김재욱, 박은경

ⓒ 한국셰익스피어

이 책의 저작권은 **한국셰익스피어**에 있습니다. 본사의 동의나 허락 없이는 어떠한 방법으로도 내용이나 그림을 사용할 수 없습니다.

⚠ 주의 : 본 교재를 던지거나 떨어뜨리면 다칠 우려가 있으니 주의하십시오.
고온 다습한 장소나 직사광선이 닿는 장소에는 보관을 피해 주십시오.

11
열왕

중국까지 땅을 넓힌
광개토 대왕

지은이·김부식 | 엮은이·최일주 | 그린이·이남구

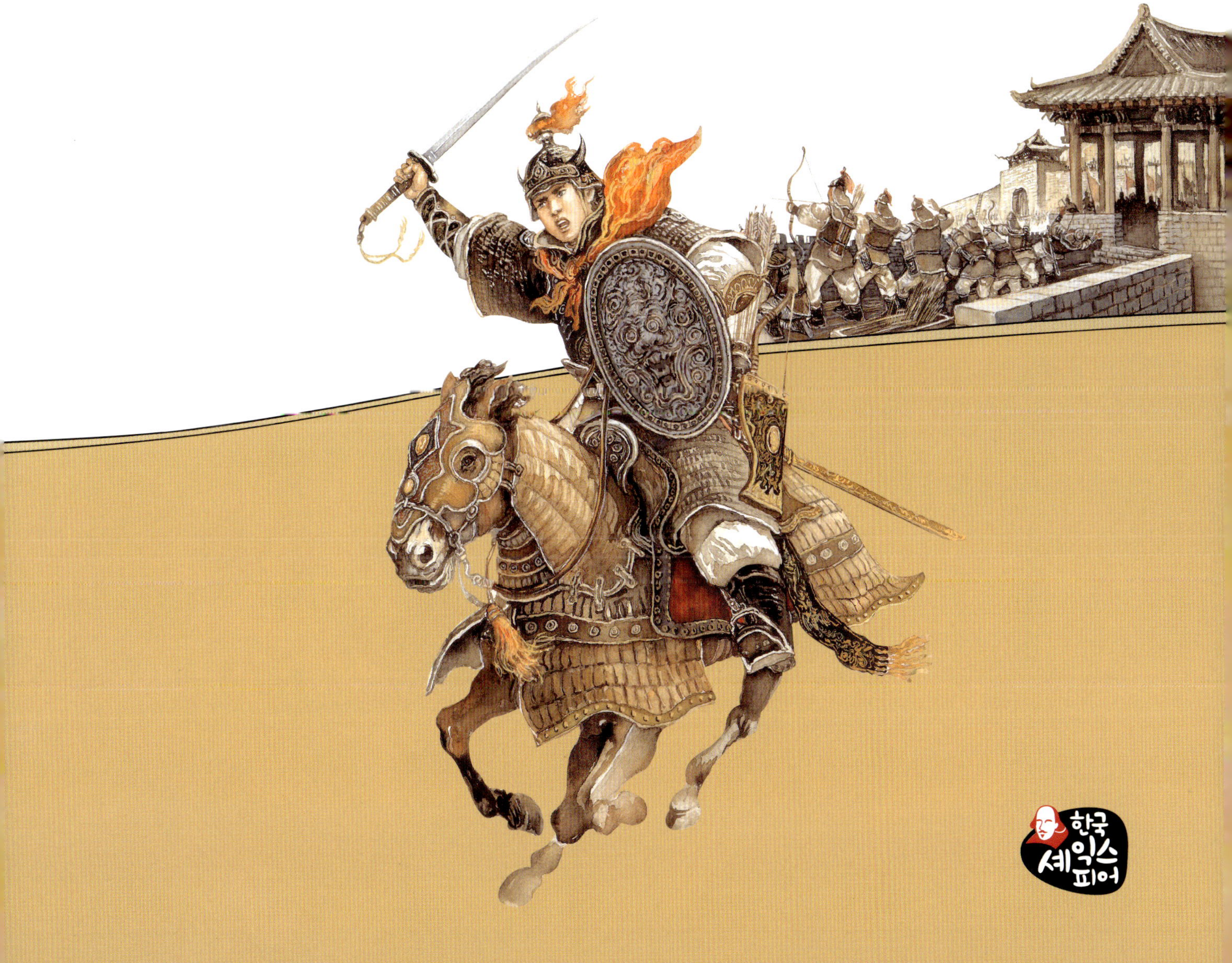

광개토 대왕의 할아버지는 고국원왕*이고, 증조할아버지는 미천왕이에요.
342년 11월, 연나라가 고구려를 침략했어요.
연나라군은 궁에 불을 지르고 곳간이란 곳간은 모두 털어 갔어요.
그리고 미천왕의 무덤을 파헤쳐 시신을 가져갔지요.
그것도 모자라 고국원왕의 어머니까지 인질로 잡아갔어요.
고국원왕은 미천왕의 시신을 되찾고 어머니를 살리기 위해
연나라에 항복하고 13년 동안 조공*을 바쳤어요.
그리고 백제의 침입에 맞서 싸우다 목숨을 잃었지요.
당시 고구려는 강대국들 사이에 끼여 늘 위협을 받아야 했어요.
북쪽에는 연나라가 버티고 있고, 남쪽에는 강력한 군사력을 자랑하는
백제가 있었어요. 이 두 나라는 틈만 나면 고구려를 공격해 왔어요.

*고국원왕 : 고구려 제16대 왕으로 미천왕의 아들.
　　　　　평양성을 증축하고 국내성을 개축하였다.
*조공 : 지배를 받는 나라가 지배하는 나라에
　　　예물을 바치던 일.

375년 어느 날, 고구려 소수림왕*은 신하들을 불러 모았어요.
"오늘은 왕실에 큰 경사가 생겼으니 잔치를 준비하도록 하시오!"
소수림왕이 이토록 기뻐한 까닭은 바로 조카 담덕이 태어났기 때문이에요.
소수림왕은 왕위를 이어받을 아들이 없었어요. 그래서 오래전부터 아우 이연이
아들을 낳으면 조카에게 왕위를 물려줄 생각을 가지고 있었지요.
소수림왕의 조카 사랑은 아버지인 이연보다 더 끔찍했어요.
사냥을 나갈 때도, 신하들과 정사를 논할 때도 언제나 담덕을 옆에 두었지요.
그리고 틈이 날 때마다 고구려가 나아갈 길에 대해 가르쳤어요.
어린 담덕은 이런 이야기를 들을 때마다 뜨거운 눈물을 흘렸어요.
"후손들에게는 한 맺힌 눈물을 흘리지 않게 하려 했건만…….
이 못난 큰아버지를 용서해 다오."
소수림왕의 눈에도 한 맺힌 눈물이 그렁그렁 어렸어요.
"대왕마마! 선왕의 원수를 갚고 고구려를 부강한 나라로 세우겠습니다."
소수림왕은 눈물을 훔치는 담덕의 등을 토닥거렸어요..

*소수림왕 : 고구려 제17대 왕으로 고국원왕의 아들. 372년에 태학을 설립하고, 373년에 율령을 반포했다.

384년 어느 날, 고구려 궁성에 짙은 먹구름이 깔렸어요.
"대왕마마! 어서 빨리 자리를 털고 일어나시어 이 나라를 굽어살피시옵소서."
소수림왕은 가느다란 신음을 토해 내며 말문을 열었어요.
"담덕이 태자로 책봉되는 걸 보고 눈을 감으려 했는데…….
아우가 나를 대신해 이 나라를 잘 다스려 주게나."
담덕은 나이가 어려 왕위에 오르지 못했어요. 대신 아버지 이연이 왕위를 이었지요.
그가 제18대 임금인 고국양왕이에요. 그리고 몇 년 뒤, 담덕이 태자에 책봉되었어요.
고국양왕은 왕위에 오른 뒤 크고 작은 전쟁을 수없이 치렀어요.
특히 후연은 툭하면 고구려 땅을 넘나들며 불을 지르고 곳간을 털어 갔어요.
"대왕마마! 연나라가 군사를 이끌고 요동성으로 쳐들어오고 있다 하옵니다."
신하의 보고를 들은 고국양왕이 깊은 시름에 잠겨 있을 무렵 담덕이 찾아왔어요.
"아바마마! 소자에게 군사를 내어 주십시오. 할아버지의 원수를 갚겠습니다."
"좋다! 군사를 주겠다. 하지만 명심할 게 있다. 너는 장차 이 나라를 이끌어 갈
왕자이니라. 고구려 왕에게 항복이란 있을 수 없다. 용감히 싸우고 오너라."

군사를 이끌고 요동성에 도착한 담덕은 쩌렁쩌렁한 목소리로 말했어요.
"선왕이신 고국원왕의 원수를 갚고, 우리 백성들을 끊임없이 괴롭히는 연나라를 단단히 혼내 주어야 한다."
드디어 연나라의 공격이 시작되었어요. 불화살이 폭풍처럼 성안으로 쏟아지고 수많은 연나라 병사들이 사다리를 타고 성벽을 기어올랐어요.
전투는 몇 날 며칠 동안 쉬지 않고 계속되었어요. 양쪽 병사들은 서서히 지치기 시작했지요. 깊은 생각에 잠겨 있던 담덕이 입을 열었어요.
"용감한 기병 100명을 선발하라! 그리고 성문을 열어라! 직접 군사들을 이끌고 적진으로 뛰어들 것이다."
부하들은 담덕의 말에 깜짝 놀랐어요.
"그건 너무 위험한 일이옵니다. 태자마마! 명을 거두어 주십시오."
"저기 죽어 가는 병사들이 보이지도 않느냐? 비겁하게 성안에 앉아 있을 수만은 없다."
굳게 닫혀 있던 성문이 열렸어요.
담덕은 기병들과 함께 화살이 빗발치는 적진으로 말을 몰았지요.

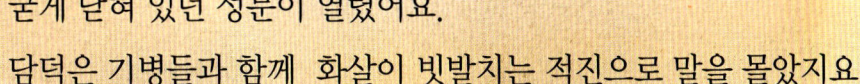

"공격하라!"

바람을 가르며 번개처럼 내리치는 담덕의 칼 앞에서 적들은 당황하기 시작했어요. 연나라는 고구려 군사들이 성문을 열고 공격해 올 것이라고는 생각하지 못했기 때문이지요.

"후퇴하라! 어서 빨리 후퇴하라!"

연나라 군사들은 줄행랑을 놓기 시작했어요.

전쟁에서 승리한 고구려 군사들은 승리의 함성을 드높였어요.

"우아! 고구려 만세! 우리가 이겼다! 태자마마 만세!"

승전보를 전해 들은 고국양왕은 기쁨을 감추지 못했어요.

"어린 태자가 큰일을 해냈구나!"

담덕이 군사를 이끌고 궁궐로 돌아오는 길목마다 수많은 백성이 나와서 승리의 기쁨을 나눴답니다.

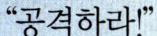

그 뒤, 담덕은 무예와 더불어 글공부도 열심히 했어요.
담덕이 숲에서 활을 쏘며 사냥을 하고 있을 때였어요.
멀리서 말발굽 소리와 함께 다급한 목소리가 들려왔어요.
"태자마마!"
"무슨 일이냐?"
"대왕마마께서 위중하시옵니다. 어서 빨리 입궐하시옵소서!"
담덕은 황급히 궁궐로 돌아왔어요.
"담덕아! 할아버지와 증조할아버지의 원수를 갚아 다오.
그리고 부디 백성들을 잘 보살피는 어진 임금이 되어라!"
391년, 아버지 고국양왕이 세상을 뜨자 담덕은
고구려 제19대 임금인 광개토 대왕이 되었어요.
그해 담덕의 나이는 열여덟 살이었어요.

역사 자료실

【 고국양왕 】

고구려 제18대 왕으로 소수림왕의 아우이자, 광개토 대왕의 아버지예요. 385년 군사 4만으로 요동을 공격하였고, 이듬해 백제를 정벌하여 국토를 넓히는 등 나라 밖으로 세력을 넓히는 데 힘썼어요. 불교를 널리 펴서 문화를 발전시켰으며, 국사를 세우고 종묘를 수리하는 등 국가의 체계를 세우는 데에도 크게 이바지했답니다.

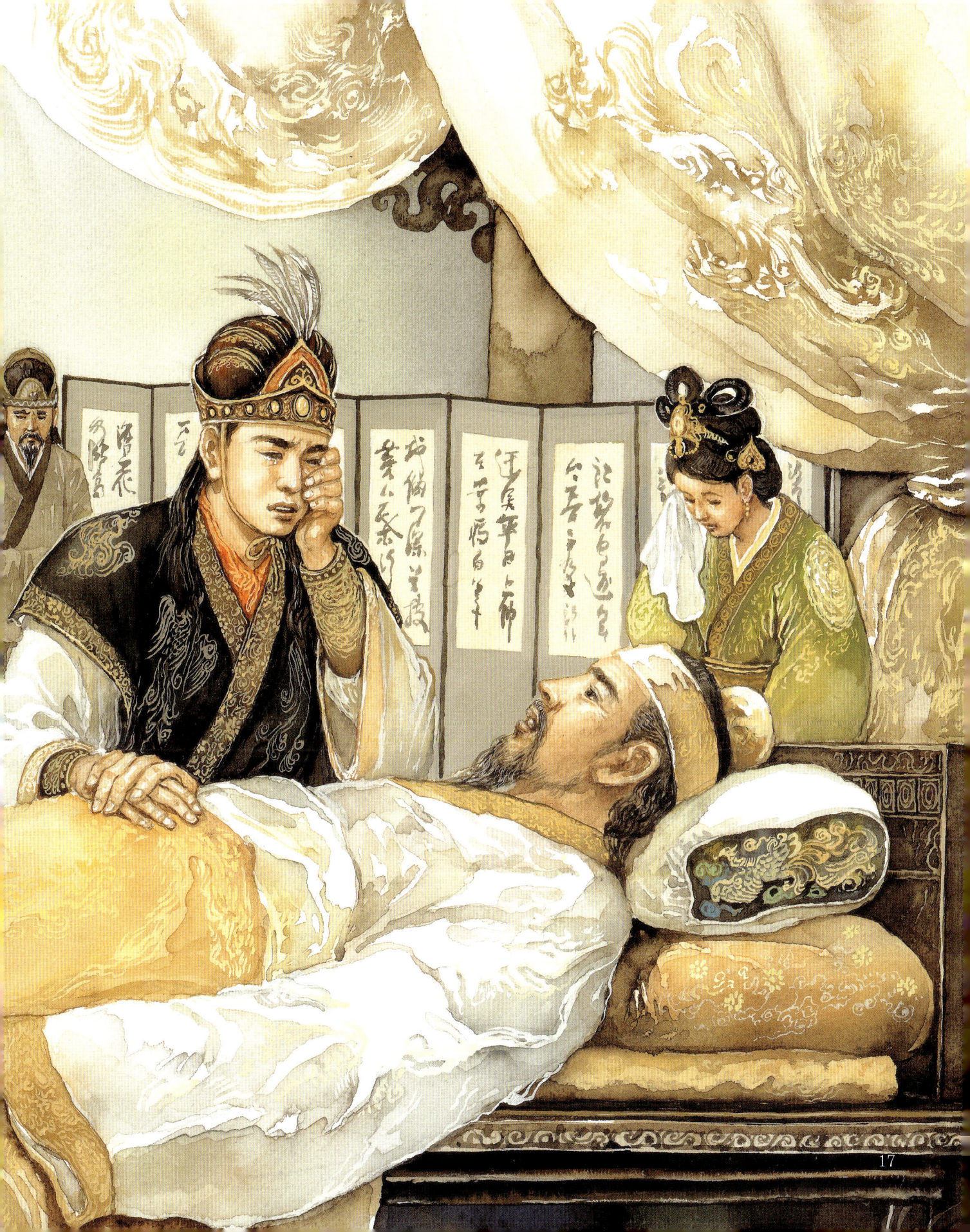

"이제 겨우 열여덟 살인 왕이 이 나라를 어떻게 이끌어 갈지 걱정이오."
"지난번 연나라와의 전쟁에서 용맹하게 싸우는 모습을 보지 않았소?"
"그렇긴 하지만……."
신하들은 어린 왕을 보며 걱정이 많았어요.
하지만 이런 걱정은 첫 회의에서 보기 좋게 빗나가고 말았지요.
"이제 중국의 연호*는 쓰지 않을 것이오. 오늘부터 고구려의 연호를 '영락'이라 할 것이오. 그리고 고국원왕의 목숨을 앗아 간 백제를 치고 빼앗긴 땅을 되찾을 것이오."
이때부터 고구려는 전쟁 준비에 들어갔어요.
마을 곳곳에 방을 붙여 군사를 모집하고, 대장간에서는 밤낮없이 칼과 창, 화살을 만들어 내기 시작했어요.
그리고 넓은 벌판에서는 말을 탄 기병들이 활을 쏘며 훈련을 거듭했어요.
이렇게 고구려는 군사력을 강하게 다지며 백제와의 전쟁을 준비했답니다.

*연호 : 나라나 민족이 역사적으로 경과한 햇수를 계산할 때, 어떤 특정한 연도를 기원으로 하여 그로부터 해의 차례를 나타내기 위하여 붙이는 이름.

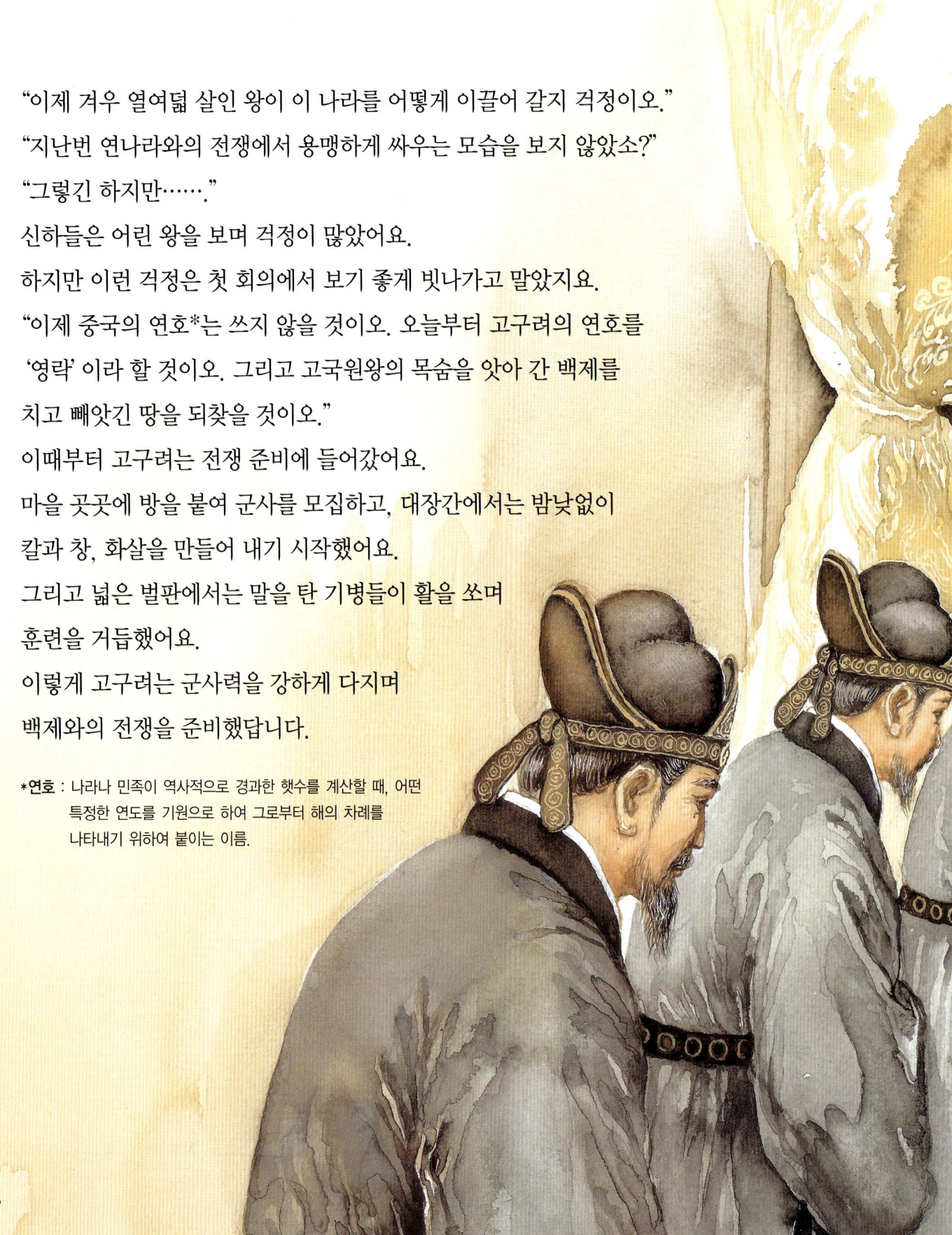

힘찬 북소리와 함께 광개토 대왕은 4만 명의 군사를 이끌고 백제로 향했어요.
백제의 진사왕은 고구려의 공격을 대수롭지 않게 여겼지요.
"이제 갓 열여덟 살이라고 하지 않았더냐? 이번 기회에 단단히 혼을 내주어라!"
하지만 석현성에 도착한 광개토 대왕은 뛰어난 전술을 펼치며 공격을 퍼부었어요.
급기야 백제의 군사들은 모든 것을 버리고 도망치기에 바빴어요. 백제를 공격한 지 겨우 한 달 만에 한강 이북에 흩어져 있는 10개 성을 모두 차지했어요.
"우리가 빼앗은 성을 지킬 군사만 남겨 두고 국내성으로 돌아갑시다!"
그러나 장수들은 관미성 공격을 끈질기게 요구했어요.
"전하! 관미성만 함락하면 백제는 고구려 땅이나 다름없사옵니다."
하지만 광개토 대왕의 생각은 달랐어요.
"비록 우리가 이번 전쟁에서 이겼다고는 하나 백제는 그리 만만한 상대가 아니오!
강력한 군사력을 바탕으로 끊임없이 고구려를 괴롭혀 왔소.
그리고 관미성은 강으로 둘러싸인 철옹성*이오.
관미성을 공격하려면 수군을 이끌고 와야 하오!
잠시 숨을 고르면서 기회를 엿봅시다."

*철옹성 : 쇠로 만든 독처럼 튼튼하게 둘러쌓은 성.

지리 자료실

【 관미성 】

고구려와 백제는 한강 유역의 지배권을 놓고 오랫동안 다투었어요. 관미성은 한강과 임진강이 만나는 경기도 파주의 요충지에 있는 성이에요. 처음에는 백제가 쌓았으나 고구려의 세력이 커지면서 고구려의 성이 되었지요. 그래서 이곳에서는 백제와 고구려 두 나라의 유물이 모두 출토되고 있어요. 오두산 정상에 있어서 지금은 오두산성이라고 하지만, 광개토 대왕릉비에는 각미성, 〈삼국사기〉와 대동여지도에는 관미성이라고 나와요.

한강 이북의 10개 성을 함락한 그해 겨울. 차가운 바닷바람이
관미성을 지키는 백제 병사들의 목덜미를 사납게 할퀴었어요.
낮게 깔린 구름 뒤로 달빛마저 숨어 버리자, 바다에는 칠흑 같은 어둠이 밀려왔지요.
그때 악어처럼 낮게 엎드린 검은 물체들이 뭍으로 올라오고 있었어요.
배를 타고 온 고구려 병사들이 관미성을 포위하고 있었던 거예요.
백제 병사들은 이런 사실을 까맣게 모르고 있었어요.
"오늘따라 달도 보이지 않네!"
입김으로 손을 녹이던 백제 병사가 혼잣말을 중얼거렸어요.
그때였어요. 밤하늘을 가르는 불화살 하나가 관미성으로 날아들었어요.
"공격하라!"
불화살 신호에 맞춰 숨어 있던 고구려 병사들이 일제히 공격을 시작했어요.

교과서 통합지식 공부방

[세계사] 로마 제국이 동서로 분열되다

391년 고구려에서 광개토 대왕이 제19대 임금으로 즉위했어요. 그즈음 전성기를 누리던 로마 제국은 서서히 쇠락의 길로 접어들었어요. 정치가 극도로 혼란하여 군대가 황제를 몰래 죽이고 제멋대로 황제를 내세우는 군인 황제 시대가 된 거예요. 콘스탄티누스 황제가 수도를 콘스탄티노플로 옮기고 크리스트교를 공인하여 사상적 통일을 꾀하려 했어요. 테오도시우스 황제는 크리스트교를 국교로 제정했지요. 하지만 로마 제국은 395년 동로마 제국과 서로마 제국으로 분열되고 말았어요. 동로마 제국은 비잔틴 제국으로 불리면서 1,000년 동안 이어졌지만, 서로마 제국은 게르만 족의 침입으로 멸망하고 만답니다.

◀ 콘스탄티누스 황제(274~337)

[사회] 서기는 언제부터 쓰게 되었을까?

▲ 고종 고종은 국호를 대한 제국이라 바꾸고 황제의 칭호와 독자적인 연호를 사용했다.

연호는 햇수를 헤아리기 위해 만들어진 것으로, 최초의 연호는 한나라 무제가 사용한 '건원'이에요. 삼국 시대부터 우리나라도 중국의 연호를 사용했지요.

우리나라에서 독자적인 연호를 사용한 것은 고구려 광개토 대왕 때 최초로 사용한 '영락(永樂)'이에요. 우리나라에서 독자적인 연호를 쓴 적은 여러 번 있었으나, 대한 제국 시절의 '광무'를 끝으로 연호도 사라졌어요.

그렇다면 지금과 같은 서기를 쓴 것은 언제부터일까요? 서기는 예수의 탄생 년을 기준으로 하는 기년법인데, 이를 최초로 제정한 사람은 6세기 전반 로마의 디오니시우스 엑시구스 주교예요. 우리나라에서는 1945년 광복이 시작되면서 처음 서기가 사용되었어요.

지리 | 자연석으로 세워진 광개토 대왕릉비

▲ 광개토 대왕릉비

광개토 대왕릉비는 고구려의 왕릉들이 많이 발견되고 있는 중국 지린 성 지안 현에 있어요. 비가 세워진 곳에서 서남쪽 방향으로 200미터가량 떨어진 지점에 태왕릉이 있으며, 동북쪽으로 1킬로미터 떨어진 지점에 장군총이 있어요.

광개토 대왕릉비는 높이 6.39미터의 거대한 비석이에요. 가공을 거의 하지 않은 자연석의 불규칙한 응회암 바위에 빼곡하게 글자를 새겨 놓았지요. 응회암은 화산 활동 시 분출된 각종 화산암 조각들이 섞여 굳어진 암석이에요. 광개토 대왕릉비는 백두산에서 분출한 용암이 흘러서 형성된 암석이라고 볼 수 있어요. 백두산 일대를 발원지로 하여 세력을 떨쳤던 고구려의 영역 확장 과정과 동북아시아의 국제 정세를 보여 주는 내용들이 담긴 귀중한 사료랍니다.

예술 | 이중적인 이미지를 지니는 황색

▲ 지오토 디 본도네가 그린 〈유다의 입맞춤〉

고구려 벽화에는 시신도와 함께 천장에 황룡을 그려 넣어 중국 황제와 대등한 위상을 표현하고 있어요. 황색은 음양오행설에 의해 우주의 중심을 나타내며 땅을 상징해요. 또한 황색은 가장 밝게 빛나는 존귀한 색으로, 최고의 권위를 상징하는 색이었어요. 그런 까닭에 중국에서 황색 옷은 천자(하늘을 대신하여 천하를 다스리는 사람)만 입을 수 있었고 제후나 백성들은 감히 입을 수 없었지요.

서양에서의 황색은 이중적인 이미지를 지녀요. 희망, 부, 풍요, 고귀함 등을 의미하는 한편, 질투, 배신, 의혹, 불신 등을 상징하기도 하지요. 그래서 배신의 상징인 유다는 대개 황색 옷을 입은 것으로 묘사해요. 이 그림은 유다가 마지막 입맞춤을 하고 예수를 로마 병사들에게 넘겨주는 장면이에요.

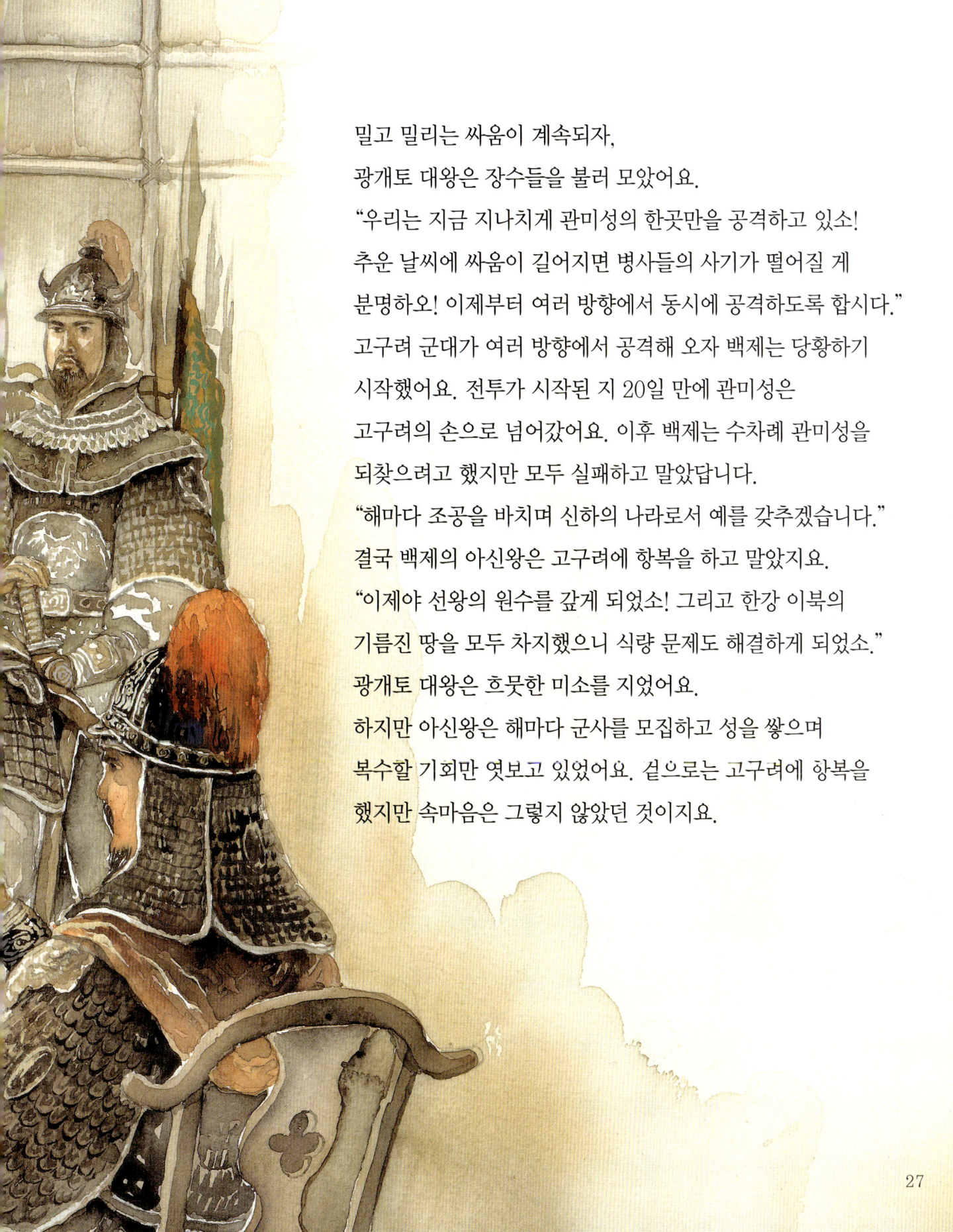

밀고 밀리는 싸움이 계속되자,
광개토 대왕은 장수들을 불러 모았어요.
"우리는 지금 지나치게 관미성의 한곳만을 공격하고 있소!
추운 날씨에 싸움이 길어지면 병사들의 사기가 떨어질 게
분명하오! 이제부터 여러 방향에서 동시에 공격하도록 합시다."
고구려 군대가 여러 방향에서 공격해 오자 백제는 당황하기
시작했어요. 전투가 시작된 지 20일 만에 관미성은
고구려의 손으로 넘어갔어요. 이후 백제는 수차례 관미성을
되찾으려고 했지만 모두 실패하고 말았답니다.
"해마다 조공을 바치며 신하의 나라로서 예를 갖추겠습니다."
결국 백제의 아신왕은 고구려에 항복을 하고 말았지요.
"이제야 선왕의 원수를 갚게 되었소! 그리고 한강 이북의
기름진 땅을 모두 차지했으니 식량 문제도 해결하게 되었소."
광개토 대왕은 흐뭇한 미소를 지었어요.
하지만 아신왕은 해마다 군사를 모집하고 성을 쌓으며
복수할 기회만 엿보고 있었어요. 겉으로는 고구려에 항복을
했지만 속마음은 그렇지 않았던 것이지요.

"전하! 고구려를 넘보던 백제는 더 이상 걱정하지 않아도 되겠습니다. 그런데 문제가 있사옵니다."

"말해 보시오!"

"서북쪽에 자리를 잡고 있는 거란족이 말썽이옵니다. 툭하면 우리 영토로 쳐들어와 살인과 약탈을 일삼고 있습니다. 게다가 우리 백성 1만 명이 거란족에 잡혀가 노예 생활을 하고 있다 하옵니다."

광개토 대왕은 깊은 생각에 잠긴 뒤 무겁게 말문을 열었어요.

"짐이 직접 군대를 이끌고 거란을 치러 갈 것이오!"

광개토 대왕은 거란으로 쳐들어가 순식간에 여러 부락을 정복해 나갔어요. 거란족의 부족장들은 광개토 대왕 앞에 무릎을 꿇고 항복을 했어요.

"다시는 고구려의 영토를 침범하지 않겠습니다. 목숨만 살려 주십시오!"

"좋다! 목숨은 살려 주마. 하지만 해마다 조공을 바쳐야 할 것이다. 그리고 노예로 잡혀 온 우리 백성 1만 명은 다시 고구려로 데려갈 것이다."

그 뒤 거란족은 고구려의 땅에 발도 들여놓지 못했답니다.

광개토 대왕이 왕위에 오른 지 10년째 되던 해에 신라에서 사신이 도착했어요.
"대왕마마! 신라는 지금 지옥이나 다름없사옵니다. 백제와 왜구가 쳐들어와 수도인 경주를 완전히 포위했습니다. 부디 신하의 나라인 신라를 도와주십시오!"
당시 신라는 고구려에 조공을 바치고 있어서 고구려의 속국이나 다름없었어요.

'백제가 우리에게 항복을 했지만 영토를 넓히려는 생각만큼은 버리지 않았군!
이번 기회에 단단히 혼을 내주어야겠어. 게다가 왜구까지 끌어들이다니…….'
광개토 대왕은 5만 명의 군사를 이끌고 신라로 향했어요.
고구려 군대에 놀란 백제와 왜구는 도망가기에 바빴어요.
백제와 왜구가 물러나자 신라의 내물왕은 예물을 들고 직접 고구려를 찾아왔어요.
"대왕마마! 도움을 주셔서 감사합니다."
"어차피 같은 민족인데 함께 돕고 살아야 하지 않겠소!"

문무 대관들이 광개토 대왕의 명을 받고 하나둘 궁궐로 모여들었어요.

"더 이상 남쪽에는 우리를 위협할 나라가 없소. 이제 연나라를 정벌할 때가 왔소! 연나라는 선왕이신 미천왕의 시신을 훔쳐 갔던 원수들이오. 그리고 지금도 우리 땅을 넘나들며 약탈을 일삼고 있소."

"전하! 명령만 내려 주시옵소서! 선왕의 원수를 갚고 빼앗긴 땅을 되찾겠습니다!"

철갑을 두른 고구려 군대가 속속 만주 벌판으로 모여들기 시작했어요.

연나라는 까맣게 몰려오는 고구려의 수만 군대를 보자 기겁을 하고 말았지요.

고구려의 군대 앞에서 연나라는 속수무책*으로 무너져 갔어요.

결국 연나라는 나라의 이름마저 대연으로 바꾼 뒤 고구려의 속국이 되었답니다.

***속수무책** : 손을 묶은 것처럼 어찌할 도리가 없어 꼼짝 못함.

이제 고구려의 영토는 그 어느 때보다 넓어졌어요.
서쪽으로는 대연을 속국으로 만들었고, 북쪽의 동부여마저 손아귀에
넣었어요. 그리고 남쪽으로는 한강 유역까지 영토를 넓혔지요.
동북아시아에서 가장 강력한 나라가 된 거예요.
쉴 새 없이 전쟁을 치른 광개토 대왕은 점점 쇠약해졌어요.
사냥을 마치고 돌아오던 어느 날, 광개토 대왕은 갑자기 숨을 거두었어요.
고구려의 궁궐은 깊은 슬픔에 잠겼어요.
광개토 대왕의 뒤를 이어 왕위에 오른 장수왕은
아버지의 업적을 기리는 광개토 대왕릉비를 세웠답니다.

▶ 광개토 대왕릉비 (중국 지린 성 지안 현)

쏙쏙! 삼국유사·삼국사기 속으로

'중국까지 땅을 넓힌 광개토 대왕'에 대하여

▲ 고구려의 정복왕 광개토 대왕

이 이야기는 〈삼국사기〉 제18권 고구려 본기 제6편에 수록된 내용을 엮은 것이에요. 광개토 대왕은 고국양왕의 아들로 고구려 제19대 왕(재위 391~412)이에요. 어려서부터 기개가 웅대하고 활달한 성격이었어요. 고국양왕 재위 3년에 태자가 되었고, 5년 후 부왕이 죽자 즉위하였어요. 이름은 담덕이며, 소수림왕이 닦아 놓은 좋은 정치적 안정을 기반으로 영토 확장에 힘쓴 정복 군주랍니다. 거란을 쳐서 북만주로 영토를 넓혔고, 중국과 오랜 세력 다툼을 벌이던 요동을 완전히 고구려의 세력 안에 들게 했지요. 광개토 대왕은 약칭이고, 그의 완전한 묘호는 '국강상광개토경평안호태왕'이며, 살아 있을 때의 칭호는 '영락 대왕'이었어요.

광개토 대왕릉비의 내용

▲ 광개토 대왕릉비 탁본

광개토 대왕릉비는 414년 그의 아들 장수왕이 광개토 대왕의 업적을 기록하여 세워 놓은 것으로, 호태왕릉비라고도 해요. 총 1,802자가 새겨져 있는 이 비문은 동북아시아의 고대사, 특히 고구려, 백제, 신라 삼국의 정세와 일본과의 관계를 알려 주는 중요한 사료예요.

내용은 크게 세 부분으로 나눌 수 있어요. 첫째는 서론 부분으로 고구려의 건국 신화, 선대왕의 세계, 광개토 대왕의 품행에 관해 기록하고 있어요. 둘째는 광개토 대왕이 즉위한 뒤 수행했던 대외 정복 사업의 구체적인 사실과 그 성과를 연대순으로 담았어요. 동부여와 백제, 신라, 가야, 왜 등을 치고 세력을 확장했다는 내용이 기록되어 있지요. 셋째는 능을 관리하는 수묘인에 관한 내용을 적고 있어요.

교과 융합 지식 Q&A

광개토 대왕이 즉위하여 고구려가 대외적으로 팽창하고 있을 무렵, 로마에서는 어떤 일이 있었나요?

* 로마 제국이 콘스탄티누스 대제가 사망하고 시간이 지나면서 동로마와 서로마로 나뉘었어요.

우리나라에서 최초로 연호를 사용한 왕은 누구인가요?

* 광개토 대왕이에요. 광개토 대왕 때 '영락'이라는 독자적인 연호를 썼어요, 연호는 해의 차례를 나타내기 위해 붙이는 이름이에요.

명화에서 예수의 제자 유다는 대개 황색 옷을 입고 있는 것으로 표현해요. 그 이유는 무엇일까요?

* 유다는 예수님을 배신한 사람이기 때문에 황금을 탐하는 상징인 황색 옷을 입혀 사악하고 배신하는 사람을 뜻하게 되었어요.

그림은 고구려 무덤 천장에 그려진 황룡이에요. 고구려 벽화에 그려 넣은 황룡은 무엇을 상징할까요?

* 중앙을 상징해요. 동서남북과 중앙의 방위를 표현하고 있어요, 땅에서 하늘로 오르기 시작하는 수 있는 동물이에요.

사회 5-1 1-3. 삼국의 성립과 발전 29~31쪽

영토를 크게 넓힌 광개토 대왕

고구려는 광개토 대왕 때 적극적인 대외 확장을 추진했어요. 먼저 백제를 공격하여 한강 이북 지역을 차지하였으며, 신라에 침입해 온 왜를 물리쳤어요. 북쪽으로는 거란과 읍루(말갈)를 정벌하였으며, 선비족이 세운 후연을 격퇴하여 요동 지역을 확보하였고, 이어 동부여를 병합하여 고구려의 세력권에 들게 했어요.

광개토 대왕의 뒤를 이은 장수왕은 수도를 국내성에서 평양으로 옮긴 뒤(427년) 남진 정책을 추진했어요. 장수왕은 한성을 점령하고 백제의 개로왕을 살해했어요. 장수왕의 남진 정책으로 고구려의 남쪽 영역이 확대되었으며, 고구려는 정치·사회·문화의 전성기를 이루었어요.

▲ 고구려의 전성기(5세기)

대제국을 건설한 동서양의 위대한 대왕들

고구려의 광개토 대왕과 마케도니아의 알렉산드로스 대왕에게는 왜 '대왕'이라는 호칭이 붙었을까요? 광개토 대왕은 391년, 18세의 젊은 나이에 즉위하여 39세로 세상을 떠날 때까지 동북아시아의 넓은 영토를 정복하고 그 위세를 바다 건너 일본까지 떨쳤어요. 그 결과 고구려는 동북아시아의 강자로 우뚝 설 수 있었어요. 마케도니아의 알렉산드로스 대왕은 기원전 334년, 20세의 나이로 즉위한 뒤 약 11년간 그리스에서 페르시아, 인도의 인더스 강에 이르는 대제국을 건설했지요. 동서양의 젊은 두 왕은 활동 시기는 달랐지만 짧은 기간에 정복 전쟁을 통해 광대한 영토를 차지하며 대제국을 건설하여 '대왕'이라고 불렸어요.

▲ 이수스 전투(알렉산드로스 대왕과 페르시아 제국 다리우스 3세의 전쟁)

일본의 역사 왜곡

일본은 광개토 대왕릉비의 비문 가운데 신묘년의 내용을 "신묘년 왜가 바다를 건너와서 백제와 신라를 파해 신민으로 삼았다."라고 해석하며, 일본이 4세기에 한반도 남단에 식민지를 건설하였고, 〈일본서기〉에 나오는 임나일본부가 바로 그것이라고 주장하고 있어요. 우리나라의 역사학자들은 해석상의 모순을 지적하고, 비문이 일제에 의해 파괴되어 세 차례나 석회를 덧발랐다는 사실을 폭로했어요. 또 문제가 된 '왜(倭)'를 '후(後)'로 바꾸어 해석할 경우 "백제와 신라는 예로부터 고구려의 속국으로 조공을 바쳐 왔는데, 그 뒤 신묘년(331년)부터 조공을 바치지 않으므로 백제·왜·신라를 파해 신민으로 삼았다."라는 내용이 된다는 것이지요. 이 주장이 국제적으로 인정을 받으면 일본 사학계의 임나일본부설은 근거를 잃게 되는 것이랍니다.

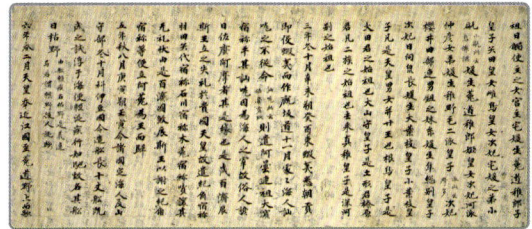

▲ 〈일본서기〉

고구려의 도읍에 대하여

고구려는 졸본성에 이어 국내성으로 도읍을 옮겼어요. 국내성은 압록강 이북의 만주에 위치한 지금의 지안 현에 있었던 것으로 보고 있어요. 국내성은 건물은 남아 있지 않지만, 성벽과 같은 성의 기본 모습을 간직하고 있어요.

국내성이 있던 만주의 지안 현에는 광개토 대왕릉으로 여겨지는 태왕릉과 광개토 대왕릉비, 장수왕의 능으로 보이는 장군총을 비롯하여 각저총, 무용총, 사신총, 오회분 등 고구려의 능이 즐비하여 고구려의 도읍과 가까운 곳임을 알 수 있어요. 광개토 대왕의 아들인 장수왕은 남진 정책을 쓰면서 5세기(427년)에 한반도 북부인 평양성으로 수도를 옮겼어요.

▲ 고구려의 기단식 돌무덤인 **장군총** 장수왕의 능으로 추정된다.

고구려 · 세계사 연표

고구려 연표

기원전	
58년	동부여에서 주몽이 탄생함
37년	주몽, 졸본에 고구려를 세움
32년	행인국을 정벌함
19년	유리왕이 즉위함

기원후	
3년	국내성으로 도읍을 옮김

중국 지안 현의 국내성 유적

194년	진대법을 실시함
246년	위나라 관구검이 쳐들어옴
247년	평양성을 쌓음
313년	미천왕, 낙랑을 정벌함
372년	전진에서 불교가 들어옴
391년	광개토 대왕이 즉위함
398년	신라를 도와 왜군을 물리침
410년	동부여를 정벌함
427년	평양성으로 도읍을 옮김

신라 고분에서 나온 호우명 그릇
광개토 대왕의 이름이 새겨져 있다.

612년	살수에서 수나라군을 무찌름
645년	안시성에서 당나라군을 물리침
668년	신라, 당나라 연합군에 멸망함

동양사 연표

한나라 왕릉에서 출토된 토용

기원전	
1년	중국, 한나라 마지막 왕 평제가 즉위함

기원후	
8년	중국, 왕망이 신나라를 세움
25년	중국, 광무제가 후한을 세움
45년	인도, 쿠샨 왕조가 세워짐
220년	중국, 삼국 시대가 시작됨
280년	서진(西晉)이 중국을 통일함
386년	중국, 남북조 시대가 시작됨

양나라(남조)의 사신도

439년	중국, 북위가 화북을 통일함
581년	수나라가 세워짐
618년	당나라가 세워짐

서양사 연표

기원전	
43년	로마, 2차 삼두 정치가 시작됨
31년	로마와 이집트, 악티움 해전을 벌임
27년	로마, 옥타비아누스가 아우구스투스 (존엄자) 칭호를 받음

옥타비아누스

기원후	
161년	로마, 마르쿠스 아우렐리우스 황제가 즉위함
211년	카라칼라 황제가 즉위함

카라칼라 황제

313년	로마, 기독교를 공인함
375년	게르만 족의 대이동이 시작됨
395년	로마 제국이 동·서로 갈라짐
415년	서고트 왕국이 세워짐
453년	훈 족 지도자 아틸라 사망
476년	서로마 제국이 멸망함
486년	프랑크 왕국이 세워짐
538년	동고트 왕국이 멸망함
618년	동로마, 이집트 식민지를 잃음